わたしたちと森林

2 林業と森林資源

あかつき

第1章 林業にかかわる仕事

第2章 森林資源と人

この本の使い方

シリーズ「わたしたちと森林」は、過去から未来へとつながる人間と森林とのかかわり合いについて、さまざまな角度から理解を深められるよう、テーマ別に1～5巻に分け、わかりやすく説明をしています。説明を読んだあとに、さらに気になるテーマを調べたり、自分のこととして考えたりするために「調べてみよう」「考えてみよう」などのコーナーがあります。本書を通じてみなさんのまわりの森林について考えるきっかけとしてください。

本文

そのページのテーマにそった内容を説明しています。

森林資源と人

木材の長所と新しい使い道

木は昔から日本人のくらしに欠かせないものでしたが、最近の科学技術によって、木を原料として開発された新たな素材ができており、注目されています。

木を育てて伐って売る「林業」

「林業」とは、木を植えて育て、森林をつくり、育った木を伐って売る仕事のことです。林業にたずさわる人のことを「林業者」といいます。家の部品や家具などに使われる木材として使える木が育つまでには、40～50年もの年月が必要です。林業者はその間ずっと、木の成長をじゃまする雑草をとりのぞいたり、害虫による病気をふせいだり、まっすぐな木にするために育ちの悪い枝を切り落としたり、森林に光が当たるように一部の木を伐ったりします。長い期間にわたってたいへんな作業を行った結果、木材ができるのです。

日本の国土面積と森林面積の割合（2017年時点）

うち人工林 1,020万ha / 日本の森林 2,505万ha / 日本の国土面積 3,780万ha

出典：林野庁『森林・林業白書（令和3年度版）』をもとに作成

林業者が育てる人工林

人が育てる森林を「人工林」といいます。日本の面積のうちおよそ3分の2が森林で、そのうちのおよそ4割を人工林がしめています。木材として使われる人工林の多くは、育つのが速く、まっすぐで、加工しやすい針葉樹が植えられます。とくに多いのがスギとヒノキで、合わせて人工林の約7割をしめています。

林業で育てられている木の構成比

トドマツ 8％ / 広葉樹その他 5％ / マツ類 8％ / スギ 44％ / カラマツ 10％ / ヒノキ 25％

出典：林野庁『森林・林業白書（令和元年度版）』をもとに作成

調べてみよう！

身近な木製品には何がある？

- みなさんの学校や近くの公園、家のなかにも木でできた製品はたくさんあります。ぜひさがしてみましょう。
- 学校で使っている机といすは、木でできているね。
- 体育館にあるとび箱も木でできているね。木が衝撃を吸収するからかな。
- 木が使われている理由を考えてみると、木のよいところが見えてきますね。
- うちの近くの公園の通路に木のチップがまかれているけど、なんでだろう？

さがしてみよう！

友だちと場所を1つ決めて、どれだけたくさんの木の製品を見つけられるか競争してみよう。そのあとで木でできている理由を考えてみよう。

考えてみよう！

公園の通路に木のチップがまかれているのはなぜだと思う？

32

グラフや表

テーマを理解するうえで必要な情報データをグラフや表でしめしています。

※グラフや表は、表記のしかたを出典から一部改変しているものもあります。

調べてみよう！

テーマに関連した調べ学習をしたいときのヒントや、ページを読んだあとに、さらにくわしく調べたいときにどのような方法をとればいいかのヒントが書かれています。

ポイント！

雑木林のコナラなどが燃料として使用されず大きくなりすぎて、カシノナガキクイムシが好む環境がふえたことでナラがれも増加しています。それにともない、カエンタケの発生地域も広がっています。

ポイント！

テーマを理解するうえでポイントとなる部分です。

さがしてみよう！

テーマに関連して自分の身近なところでさがしてみるコーナーです。

考えてみよう！

テーマに関連して、どうしてそうなったのか考えるためのコーナーです。

キーワード
重要なことばを解説しています。

先生の解説
テーマへの理解を助けてくれる、カモシカ先生の解説です。

木の新たな加工技術

技術の進歩により、これまでとはことなる新しい木の使い道が生まれています。その一つとして、近年環境にやさしいエネルギーとして注目されているのが「木質バイオマス」です。木質バイオマスは、木を木材にする過程で出る枝や樹皮を木質ペレットや木材チップといった形に加工して燃料にするもので、すでに有効利用されています。また、木の加工技術が進み、これまで強度や火災への強さの問題から使うことのできなかったような、自動車部品や高層ビルにも木が使われるようになっています。

木質バイオマスも燃やせば二酸化炭素が放出されますが、木は成長の過程でたくさんの二酸化炭素を吸収することから、石油や石炭、天然ガスといった化石燃料とはちがい、二酸化炭素の排出をへらすことに貢献しているといえます。

キーワード
木質バイオマス
木材が原料となった資源のこと。

自動車部品に使われる改質リグニン

改質リグニンとは、スギのなかにふくまれる成分「リグニン」をもとに、科学技術を用いてつくった新しい素材です。熱に強く、加工しやすく、環境にやさしいといった利点があり、自動車の外装などに使われています。

ボンネットの部分に改質リグニンを使用した車。
写真提供：国立研究開発法人 産業技術総合研究所

環境にやさしい木質バイオマス

木質チップをつくる工場
木質チップ
暖房設備に使用
写真提供：北海道下川町

木造の高層ビルを建築可能にしたCLT

CLTとは、日本語で「直交集成板」といい、細長い板を繊維が直角に交互に重ねてはり合わせたパネルのことで、コンクリートと同じくらいの強度をもちます。CLTを使用することによって、木造の高層ビルを建てることが可能になりました。

板を重ねてはり合わせる

もっと知りたい！
木のよさを広める「ウッドデザイン賞」

「ウッドデザイン賞」とは、木のよさや価値を再発見できるような新しいアイディアのある製品やとりくみにあたえられる賞で、一般社団法人日本ウッドデザイン協会が主催しているものです。建築だけでなく、空間、木製品、活動といったさまざまな分野から応募されており、過去には木のおもちゃやストロー、ヘッドホンなども受賞しています。2022年は330点の応募があり、そのなかで188点が受賞しました。受賞作品は、ウッドデザインマークを使用することができます。

JAPAN WOOD DESIGN AWARD 2022
ウッドデザインマーク

ウッドデザイン賞2022を受賞した流山市立おおぐろの森中学校。建物の構造部分に木を使用した3階建ての校舎。
写真提供：日本ウッドデザイン協会

33

コラム「もっと知りたい！」
テーマに関連した知識などを紹介しています。

※このページは、「この本の使い方」を説明するための見本です。

シン

山や川で遊ぶのが大好き。ふだんはまちに住んでいるけど、お休みになると家族とキャンプに行って、自然体験を楽しんでいる。

リン

森に遊びに行くのはもちろん、動物に関する本を読んだり、インターネットを使って調べたりするのも大好き。将来は動物の研究者になりたいと思っている。

カモシカ先生

2人のところに現れた森林の博士。森林と人とのかかわりのことならなんでも知っている。

※この本の情報は、2023年1月現在のものです。

枝打ち（えだうち）

間伐（かんばつ）

木を伐る（ききる）

苗木を植える（なえぎをうえる）

土場（どば）

林道（りんどう）

苗畑（なえはた）

製材工場・材木店（せいざいこうじょう・ざいもくてん）

原木市場（げんぼくいちば）

バイオマス発電所（はつでんしょ）

森林組合（しんりんくみあい）

② 林業と森林資源

日本では、家の材料や燃料、木製品など昔から生活のさまざまなところで木を使い、古くから木の文化が発展してきました。林業者によって手入れされた森林（人工林）は、災害からわたしたちをまもり、きれいな空気や水など、さまざまなめぐみをもたらしてくれます。つまり、林業者はわたしたちの生活をまもってくれる仕事でもあるのです。

森林にかかわるのは林業者だけではありません。木材を売る人、木からものをつくる職人、そして森林をまもったり木の魅力を広めたりする人など、多くの人びとが林業をささえ、森林資源を活用しています。

ナラがれ

森林に住む動物

炭焼き

キノコ

木造住宅

ゆたかな森林が、わたしたちにさまざまなめぐみをもたらしてくれるんだね！

第1章

林業にかかわる仕事

林業とは、木を植えて森林を育て、育った木を伐って、丸太の形にして売る仕事です。1本の木が成長して丸太になるまでには何十年もの年月がかかるため、一人の人がすべて行うわけではなく、ときには何代にもわたって行われます。そうして長い年月をかけて育てた木は、製材工場で加工されて建物の柱や板などの部品になったり、職人の手によって木製品になったりします。この章ではおもに、林業者が育てた木が家の部品になるまでを見ていきましょう。

林業の仕事とは

林業とは、どのような仕事でしょうか。
昔からわたしたちの生活をささえている林業の仕事について、見ていきましょう。

木を育てて伐って売る「林業」

「林業」とは、木を植えて育て、森林をつくり、育った木を伐って売る仕事のことです。林業にたずさわる人のことを「林業者」といいます。家の部品や家具などに使われる木材として使える木が育つまでには、40〜50年もの年月が必要です。林業者はその間ずっと、木の成長をじゃまする雑草をとりのぞいたり、害虫による病気をふせいだり、まっすぐな木にするために育ちの悪い枝を切り落としたり、森林に光が当たるように一部の木を伐ったりします。長い期間にわたってたいへんな作業を行った結果、木材ができるのです。

日本の国土面積と森林面積の割合 (2017年時点)

うち人工林 1,020万ha

日本の国土面積 3,780万ha

森林 2,505万ha

出典:林野庁「森林・林業白書（令和3年度版）」をもとに作成

林業で育てられている木の構成比

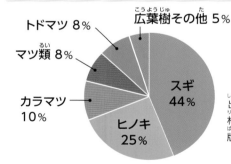

広葉樹その他 5%
トドマツ 8%
マツ類 8%
カラマツ 10%
ヒノキ 25%
スギ 44%

出典:林野庁「森林・林業白書（令和元年度版）」をもとに作成

林業者が育てる人工林

人が育てる森林を「人工林」といいます。日本の面積のうちおよそ3分の2が森林で、そのうちのおよそ4割を人工林がしめています。木材として使われる人工林の多くは、育つのが速く、まっすぐで、加工しやすい針葉樹が植えられます。とくに多いのがスギとヒノキで、合わせて人工林の約7割をしめています。

スギ

常緑の針葉樹。高さは40メートル、太さは直径2メートル以上にもなる。古くから植林されてきたじょうぶな樹木。独特な香りをもつ。名前の由来は、まっすぐ上に伸びる性質「直ぐ木」からきているといわれている。

ヒノキ

常緑の針葉樹。高さは30〜40メートル、太さは直径1〜1.5メートルにもなる。スギよりも成長はおそいが、乾燥した土地でもよく育つ。福島県よりも南の太平洋側、四国、九州に分布。木目が美しく、独特の香りが特徴。

カラマツ

針葉樹。落葉樹のため、美しい紅葉が見られる。寒冷地にもたえ、成長も速いため、北海道・長野県など東日本各地でさかんに植林された。高さ20メートル、太さは直径1メートル以上。かたくてじょうぶな木材として使用されている。

林業者がはたらく林業地の歴史

日本では昔から木造の建物や木の道具がつくられてきたため、林業の仕事もわたしたちの生活をささえる仕事として、古くからありました。人工林をつくるために木を植える「植林」が行われはじめたのは室町時代ともいわれています。その後、江戸時代になると、木材にするためや、木が伐られてあれた森林を回復させるために多くの木が植えられるようになり、そのときにいまも残る林業地の多くができました。

さらに、第二次世界大戦後の1960～1970年の高度経済成長期にも多くの木材が必要になり、そのときに新たにつくられた林業地もあります。

調べてみよう！
昔は木材をどうやって運んでいたのかな？ 日本三大人工美林の林業地から京都、奈良への木材の運搬方法について、調べてみよう。

代表的な日本の林業地

パイロットフォレスト（カラマツ）

青森ヒバ

秋田スギ

金山林業地（スギ）

東信地方 カラマツ林業地（カラマツ）

木曽ヒノキ

ボカスギ林業地（富山県西部・スギ）

西川林業地（スギ・ヒノキ）

山武林業地（スギ）

智頭林業地（スギ）

北山林業地（スギ）

日田・小国・八女林業地（スギ）

天竜林業地（天竜スギ）

尾鷲林業地（尾鷲ヒノキ）

久万林業地（スギ・ヒノキ）

吉野林業地（吉野スギ）

飫肥林業地（スギ）

☐ … 日本三大美林
☐ … 日本三大人工美林

奈良時代につくられた歴史書『日本書紀』には、「スギ・クスノキは舟に、ヒノキは宮殿に使いなさい」と書かれていました。昔からスギやヒノキなどの木材は、わたしたちの生活をささえてきたのです。

三大美林とは
長野県木曽のヒノキ林、秋田県のスギ林、青森県のヒバ林は、「日本三大美林」といわれています。これらはいずれも天然林で、現在では国有林として保護されています。また、奈良県の吉野林業地のスギ林、静岡県の天竜林業地のスギ林、三重県の尾鷲林業地のヒノキ林は「日本三大人工美林」とよばれ、いずれも古くから栄える林業地です。木材の質がよいというだけでなく、当時の都に近く、木材を運びやすいという地理的な特徴もありました。

林業の仕事① 木を植える

1本の木を育て、丸太にするまでを見ていきましょう。木はそのまま植えるのではなく、木の子どもである苗木を畑で育ててから山に植えていきます。

苗木づくり

苗木を専門に育てる業者が、高さ45センチメートルほどになるまで2～3年かけて苗木を育てます。じょうぶで生育のよい木から種やさし木*のための枝をとったりして育てます。多くの苗木は「苗畑」とよばれる畑で育てられます。大きくなり、木と木の間かくがせまくなってきたら、より大きな畑に植えかえていきます。これを「床がえ」といいます。

苗畑

最近では、苗木専用のコンテナで育てる方法もある。植え付けできる時期が長く、せまいスペースで栽培ができるなどの利点がある。

コンテナ苗

地ごしらえ前

地ごしらえ

木を伐採したあとの山は、枝や葉が散乱しています。それらや低木、草をとりのぞき、地面をきれいにして、次の木を植えるための準備を「地ごしらえ」といいます。枝や草、ツルなどを、棒を使って上から下へとまきこみながら落としていきます。落とした枝類は帯のように横にならべてくいなどでとめておくので、遠くから見るとしま模様のように見えます。苗木は帯と帯のあいだに植えます。

地ごしらえ後
出典：近畿中国森林管理局ホームページ

火入れ地ごしらえ
出典：東北森林管理局ホームページ

1960年代までは枝や葉に火をつけてあたり一面を燃やす「火入れ地ごしらえ」が、地ごしらえの方法としてとられてきました。現在は山火事の危険があるためあまり行われていませんが、森林が自然に再生する力が強いといわれています。

12　*さし木：樹木が枝の切り口から根を出す性質を利用して、切りとった枝を地面に植えてふやす方法。

🌱 植え付け

苗木は、そのまま山に運んで植える場合と、「仮植」といって一時的に耕した土地にまとめて植えておき、植え付ける日に山へもっていく方法があります。山へは苗木の根がかわかないようにふくろに入れて運びます。九州などのあたたかい地域では2月ごろから植え付けがはじまることもあり、暑くならない6月ごろまでには作業を終わらせます（秋に植え付けを行う地域もあります）。

クワを使って植え付ける

植え付けられた苗

植え付けのしかた

① 地面に根がかくれるくらいの深さ20〜30センチメートル、直径30センチメートルほどあなをほる。

② 根の少し上の幹をつかんであなの中央に土をもり、苗木を入れる。

③ 苗木をまっすぐにして根を安定させてから土をかぶせる。

④ 地面をふみかためる。さいごに落ち葉や枝を苗のまわりにかぶせ、土が乾燥するのをふせぐ。

💬 もっと知りたい！

林業者をふやすためのとりくみ

昔からある大切な仕事である林業ですが、国産の木材の値段が下がり、収入が上がらないこともあり、林業者の数は昔にくらべへっています。現在林業にたずさわっている人の高齢化も問題です。林業者がへってしまうと、人工林を手入れする人がへり、森林があれ、森林のもつ水をたくわえたり災害をふせいだりする機能がおとろえて環境全体に大きな影響がおよびます。

そこで、林業者をふやすために未経験者の人が林業の知識を身につけて、仕事につけるよう、さまざまなとりくみも行われています。

林業者になるには……

● **就職する**　高校・大学・専門学校などで林業に関することを学び、森林組合・林業会社に就職する

● **林業者になるためのさまざまなとりくみを利用する**

林業大学校	林業の基本的な技術を学ぶことができる。卒業後は林業の仕事を紹介してもらえる
林業インターンシップ	林野庁が実施するもので、都市部に住む人が、地方で林業を体験できる制度

● **未経験からのキャリアアップ制度を利用する**

「緑の雇用」事業	森林組合などに就職した未経験者に対し、林業の知識を身につけられるよう講習や研修を行いキャリアアップを支援する制度

※このほかにもさまざまな方法があります。

林業の仕事② 木を育て、森林をつくる

次に、下刈り・除伐・枝打ち・間伐について見ていきましょう。
いずれもじょうぶな木を育てるための、大切な作業です。

🌱 下刈り (1〜8年目)

苗木を植え付けてから1〜8年目は、下刈りとよばれる作業をします。苗木は、日光が当たらなくなってしまうとうまく成長ができないため、成長のじゃまをする雑草や低木、ツルなどをとりのぞき、じょうぶに育つための生育環境を整える必要があります。6月下旬から8月にかけて行います。

真夏の下刈りは、日中になると暑さがきびしいので朝早くに行います。

下刈りや除伐で使う道具

大がま

1日6回も刃を研ぐ。

チェンソー

🌱 除伐 (8〜20年目)

下刈り作業が終わっても、手入れをおこたってしまうと低木やツルが大きく育ち、やぶのようになって歩けない状態になります。そこで、チェンソーやノコギリなどを使ってツタや低木などをとりのぞきます。

🌱 枝打ち (11〜30年目)

節のない木材にするために、地上から1.5メートルより上の枝を切り落とします。柱として使用される木材は、およそ3メートルです。この高さを目安にして、下に生えてきた枝を、オノやナタ、ノコギリを使って切り落とし、成長させないようにします。枝打ちは、下刈りが終わってから2〜3年おきに行いますが、枝打ちをはじめて20年ほどで節が出てこなくなり、柱にてきした木材になります。

節のない木材にするために

枝打ちは、節のない柱をつくるために必要な作業。枝の付け根から切れば、切り口は樹皮にまきこまれてふさがれていく。

節のある木

節のない木

枝打ちの方法

1回目は根ばらいといって、約1.5メートルの高さまで枝打ちをする。2回目以降は、はしごにのぼってより高い部分の枝を打つ。

※（　）内の年数は地域などによってもことなるため目安である。

間伐 (20年目〜)

間伐とは、木がしげりすぎるのをふせぐため、木の混み具合に応じて不要な木を伐ることです。植えた木が成長すると枝が混み合い森林に日光がさしこみにくくなります。木は太陽の光を取りこもうと上へ上へとのびていきますが、これでは幹はひょろひょろとしたものになり、はげしい雨風や雪にはたえられなくなります。力強い木を育てるためには、数本に1本の割合で伐採し、木と木の間かくをあける作業である間伐が必要です。

間伐する木を選ぶ

残す ○

まっすぐにのびているか、根がしっかりとはっているか。

× 伐る

成長がおそいもの、曲がっているもの、病気や虫の被害があるもの、枝をはりすぎてまわりの木をおおってしまっているもの。

間伐され、整然と立ちならぶスギ林（マルマタ林業・大分県）

間伐による森林の変化

木の成長をみきわめ、成長が見こめない木は伐採する。

木と木の間かくが広くなると、日光が地面にまでさしこみ、森林が明るくなる。生育環境がよくなることで根をしっかりとはることができ、まっすぐでよい木が育つ。

さらに木が育つと、また森林は混み合ってくるため、間伐をくりかえす。10〜15年の間かくで何回か行う。間伐された木は、間伐材として利用される。

調べてみよう！

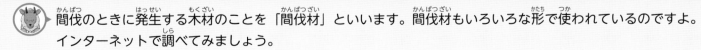
間伐した木の利用方法は？

間伐のときに発生する木材のことを「間伐材」といいます。間伐材もいろいろな形で使われているのですよ。インターネットで調べてみましょう。

間伐材でも形や質のよいものは、建物の木材として使われているんだね。

ファミリーレストランやコンビニエンスストアで使われている割りばしにも、間伐材を利用しているものがあるんだね。

近年注目されているのは、間伐材を細かくくだいてチップにしたり、丸くまとめたペレットにしたりして燃料にする「木質バイオマス*」です。環境にやさしいエネルギーとして、発電や家庭用のストーブなどに利用されていますよ。

さがしてみよう！

そのほかの間伐材の利用方法にはどんなものがあるかな？　身のまわりのものをさがしてみよう。

*バイオマス：動植物から生まれた資源のこと。

林業の仕事③ 木を伐って運ぶ

いよいよ育った木を伐る段階に入ります。植え付けから50年くらいかけて育て、伐った木は、枝葉を切り落とし、「土場」とよばれる丸太の集積所に集めます。

木を伐る（50年目〜）

間伐を何度かくりかえしたあと、植え付けてから50年くらいたった木は、木材として使用できるくらいに成長します。これらの木を伐ることを「主伐」といいます。主伐の方法には一定の区画をまとめて伐採する「皆伐」と、木を選んで伐採する「択伐」があります。

木を伐採しているところ。チェンソーで切れこみを入れ、くさび（三角形にとがったプラスチック片）をたたいて入れて木をたおす。

皆伐と択伐のちがい

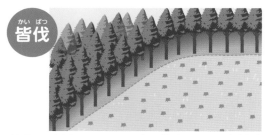

皆伐

一定の区画のすべての木を伐採する。作業効率がよく、伐採後の植林がしやすいというメリットがあるが、伐採したあとの土地の手入れが必要となる。

択伐

伐採する木を選んで何度かに分けて伐採し、伐採したところに苗木を植えて新しい木を育てる。地面がむき出しにならないので、環境にやさしい伐採方法といえるが、作業効率はおとる。

機械がなかった時代は……（伐採編）

オノやヨキ
チェーンソーがなかった時代は、これで木を伐っていた。

2人びき鋸
玉切りするときに使用する2人用のノコギリ。

枝や葉を切り落とす

切りたおした木には枝や葉がついており、長さもそれぞれにことなります。それらを運びやすいように枝葉を切り落とし（枝はらい）、長さを整えて切り（玉切り）、丸太にしていきます。この作業を「造材」といいます。造材は伐採した場所で行う場合と、土場で行う場合とがあります。

枝を切り落としているところ。

キーワード
枝はらいと玉切り
枝はらいとは、丸太にするために、木の枝をチェンソーなどでとりはらうこと。玉切りとは、用途に合わせて木の長さを切る作業のこと。

キーワード
土場
丸太の輸送や保管のために丸太などを集める場所のこと。

丸太を集め、運ぶ

伐採した木を土場などに集めることを「集材」といいます。集材の方法は地形などの条件によってことなりますが、大型のロープウェイのような機械や、高性能林業機械などで運ぶのが一般的です。土場に運ばれた丸太は、トラックなどに積み原木市場に運ばれます。

小型の林内作業車を使って集材するようす。

キーワード

高性能林業機械

これまで使われてきたチェンソーなどにくらべて性能が高く、林業者の体への負担も軽い大型の林業機械のこと。

林道と森林作業道とは?

山の手入れや山から木を運ぶために使う道のこと。「森林作業道」は、おもに林業機械が通行する。

機械がなかった時代は……(集材・搬出編)

機械がなかった時代は人や自然の力を利用して運搬をしていましたが、いずれもとても危険な作業でした。

管流し

川を使って丸太を運ぶ方法。1本ずつ流し、川のはばが広くなったら、いかだに組んで流していた。大雨などで、岸に集めた木材が流されてしまうことがあったため、切り口にしるしをつけておき、木材の所有者がわかるようにしていた。

出典:東北森林管理局ホームページ「伐木・運材の歴史」

修羅

丸太を谷にそって縦にならべて、切り出した木材をその上にすべらせて土場までおろした。

出典:中部森林管理局ホームページ「木曽式伐木運材法」

もっと知りたい!

おもな高性能林業機械

伐採や集材の機械化がおしすすめられてきており、とくに高性能林業機械はこの15年くらいで急速に普及しています。

プロセッサ 枝はらいと玉切りを行える機械。丸太の長さや、切断面の直径が運転席に表示される。丸太の仕分けや積み上げ、トラックへの積みこみにも利用されている。

タワーヤーダ 伐採した木を道まで集めるための機械。集材用のウインチとワイヤロープをはるためのタワーを装備している。

ハーベスタ 伐倒、枝はらい、玉切りをし、丸太を集めて積むまでの作業が、この機械一つで行える。急傾斜の地形では使用しにくい。

フォワーダ 集材専用の車両。プロセッサなどで玉切りした丸太をつかんで荷台に積み上げ、運搬する。丸太の積みおろしや運搬が1人でき、トラックが入れないような道でも走ることができる。

写真提供:林野庁

林業者 マルマタ林業 合原万貴さんに 林業の話を聞こう

合原万貴
大分県日田市出身。大学で土木工学を学んだのち、家業である「マルマタ林業」に入社。現在は3代目後継として所有する森林を管理しながら、林業や日田のスギのよさを広める活動を行っている。

合原さんは どうして林業者になったのですか?

子どものころから母の仕事の話を聞き、「林業って楽しそうだな」と思っていました。でも最初から林業をやろうと思っていたわけではなく、大学卒業後に母に声をかけられ何となく入社しました。最初の半年間は「境回り」という仕事をしました。ベテラン社員のあとをついて歩き、自分たちの山の境目を確認し、木にしるしをつけて回ります。草をかき分け、飛んでくる虫を追いはらいながら歩くのはたいへんでした。体力的にもきついし、いやになることもありましたが、少しずつ山歩きになれて、間伐の仕事にかかわれるようになりました。そのとき、木が伐られて、整えられた場所がすごくきれいだったのです。「林業っていい仕事だな」と思い、山をまもる林業の魅力に気づいていきました。

マルマタ林業が管理するスギ林

「境回り」では木の皮にしるしを書く

大切な仕事道具

かっぱ　ヘルメット
手ぶくろ

スパイク付き
長靴

腰ぶくろ　　なた　　ノコギリ

山に入るときの仕事道具です。（左から）かっぱ（服に植物がつかないように）、腰ぶくろ（テープなどを入れます）、手ぶくろ（手をけがしないように）、なた、ノコギリ、ヘルメット、スパイク付き長靴（山に登るときに土に食いこんで歩くことができます）。

「三つ紐伐り」の
イベントの様子

日田のスギの魅力を知ってもらうために行っている活動を教えてください

林業にかかわってはじめて、日田には日田スギをはじめ、すばらしい木がたくさんあるのに、地元でもあまり活用されていないことを知りました。そこで、日田の木の魅力を知ってもらおうと、いろいろな企画を行ってきました。たとえば、林業者から原木市場、家具店や建材業者まで、林業にたずさわる若手経営者を集めて、「日田林家」という団体をつくりました。ここでは日田の木を使ったグッズを開発し、広める活動を行っています。

最近では、100年生きたスギを伐るときに、「三つ紐伐り」という伝統的な方法で時間をかけて伐採するイベントも行いました。参加者約90人と林業の勉強会をし、伐採の日は全員が少しずつオノを入れ、大木がたおれたときは感動的でした。このように地域をまきこむことで、人びとの意識が変わり、日田の木の活用がふえています。

林業者としてこれからどのようにお仕事をつづけていきたいですか?

マルマタ林業では山林の管理をできるだけ自分たちの手で行っています。社員が歩いて調査し、木を選抜して伐採し、間伐や植林も行って山をきれいな状態に整えています。わたしも経営や事務の仕事をしながら、多いときで週3回くらい山に入って現場を確認しています。広い土地を管理するのはたいへんです。とくに夏の下刈りは、暑くなる前の朝4時ごろから山に入って6時間ほど作業する重労働になりますが、山の状態をしっかり知ることで、山の将来を考えつつ材質のよい木を選んだり、木を活用するアイディアを思いついたりすることができるのだと思います。

最近は環境保護の観点から、山に住みながら大型機械にたよらずに林業をいとなむ「自伐型林業」が注目されています。わたしたちもこうしたとりくみに共感し、毎年、自伐型林業の研修を開いて林業をゼロから気軽に学べるようにしています。この研修はとても評判がよく、研修に参加したことがきっかけで、マルマタ林業で伐採の仕事をはじめた女性もいます。また、15年以上前から年に1回、地域の子どもたちをまねいて森林教室を開いています。林業は人手不足がつづいていますが、こうしたとりくみを通して、関心をもつ人をふやしていきたいですね。

木材の流通と加工にかかわる仕事

丸太が加工され、わたしたちのくらしにとどくまでを見ていきましょう。
土場に集められた丸太は原木市場に運びこまれ、ここで売り買いされます。

木材の流通のしくみ

林業者が伐採した丸太は土場から原木市場に運びこまれ、売り買いされます。購入された丸太は製材工場に運ばれて、柱や板などの「製材（素材）」となります。素材は製品市場で材木店に購入され、材木店は素材を使いやすい形に仕上げて加工し、「部材」として販売します。仕上加工された木材を建築会社や工務店が購入し、木造住宅が建てられます。

> **キーワード**
> **原木市場**
> 林業者が育てて伐った丸太が集められ売り買いされる市場のこと。

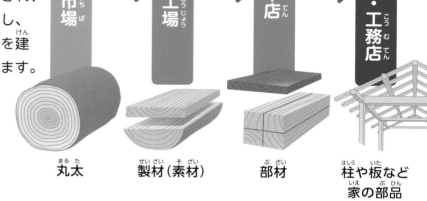

原木市場 → 製材工場 → 材木店 → 建築会社・工務店

| 丸太 | 製材（素材） | 部材 | 柱や板など家の部品 |

いったん土場に集められた丸太は原木市場に運ばれる。

原木市場の丸太の競りの様子。

写真提供：吾野原木センター

丸太が集まる原木市場

原木市場では、丸太を木の種類や長さ、太さ、品質、直材か曲がり材かなどに仕分けます。丸太は競り*にかけられ、製材工場や木材の販売会社に販売されます。きずや節の状態はどうか、くさっているところはないかなど、木の状態が値段に反映されます。

丸太を柱や板にする製材工場

製材工場では丸太の樹皮をむき、柱や板など用途に合ったサイズに切って加工します。製材された木材は乾燥庫に入れてじゅうぶんに乾燥させます。

「バンドソー」という機械で、丸太がカットされ、板の形になる。

*競り：いちばん高い値段をつけた人が購入できるシステムのこと。

1本の丸太はどのように切り出されるの？

丸太からどのように材木をとるかを「木どり」といいます。たとえば、木の中心にある赤味の部分である「芯材（心材）」とよばれる部分は耐久性があるため一般的に柱に使われます。
上下の部分（辺材）は芯材ほどの耐久性はありませんが、木目の美しさが出るため板材として用いられます。

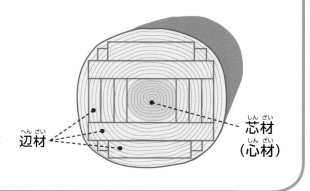

辺材

芯材（心材）

木材を仕上げる材木店

製材工場で加工された柱や板（製材品）は、材木店によって工務店などに売られます。材木店は、木の種類や材料別に仕分けして木材を保管し、購入する人が使いやすいようにさらに表面をみがいたり、みぞをつくるなどの二次加工を行います。

「モルダー」という機械で、表面をみがいてなめらかにする。

もっと知りたい！

ウッドマイレージとは？

木材は、環境に負荷をあたえることが少ない素材です。しかし、外国から輸入した木材を使用する場合はどうでしょうか。輸送にかかる燃料消費により二酸化炭素の排出量がふえ環境への負荷が大きくなってしまいます。このような観点から、輸入木材の環境負荷を数値で表して見える化した「ウッドマイレージ」という指標があります。ウッドマイレージの数値が高いほど環境に負荷をかけていることになります。国産の木材を使用すれば、輸送にかかるエネルギーをへらすことができ、地球温暖化をふせぐことにつながります。

調べてみよう！

家にある木の製品が、どこの国の木でできているか調べてみよう。産地からここまでどのくらいの距離があるかな？

ウッドマイレージ
＝木材の量（m³）
×輸送距離（km）

木材の産地から消費地までの輸送距離を「ウッドマイルズ」というよ。

木材の輸送方法のちがいによる二酸化炭素（CO_2）の排出量の比較

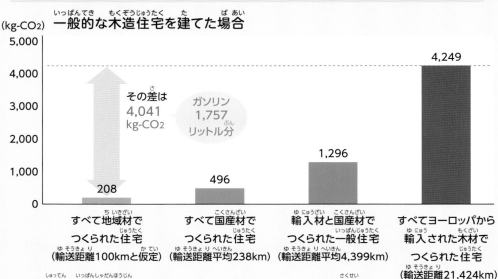

（kg-CO_2）　一般的な木造住宅を建てた場合

| | | | 4,249 |

その差は
4,041
kg-CO_2

ガソリン
1,757
リットル分

208　すべて地域材でつくられた住宅（輸送距離100kmと仮定）

496　すべて国産材でつくられた住宅（輸送距離平均238km）

1,296　輸入材と国産材でつくられた一般住宅（輸送距離平均4,399km）

4,249　すべてヨーロッパから輸入された木材でつくられた住宅（輸送距離21,424km）

出典：一般社団法人ウッドマイルズフォーラムホームページをもとに作成

1本の丸太が板になるまで

埼玉県飯能市は古くからの林業地で、ここで生産される木材は「西川材」とよばれ、質のよい木材として知られています。ここでは、西川材の製材と販売を行う岡部材木店でお話を聞きました。

うすい板でも最低3か月は乾燥期間が必要です。昔から「一寸一年」といい、一寸（3センチ）角の柱で1年乾燥させます。スギはいちばんかわきにくく、ヒノキの方がはやくかわきます。

❶ 原木市場からスギ、ヒノキ、サワラの丸太を仕入れて保管しておく。

❷ 樹皮をむいた丸太を「帯ノコ（バンドソー）」とよばれる機械でカットしていく。製材のなかでいちばんの技術がもとめられる工程。

❸ 木の細胞のなかにふくまれている水分をとるため、外気にさらして天然乾燥させる。

仕上げには乾燥機を使う。

❹ 乾燥させた木は、まだ丸太の長さのままなので、使用する目的に合った長さとはばにカットする。

❺ 「モルダー」とよばれる機械で最後の仕上げをする。外壁やゆか、天井などの使用用途に合わせて、長さを切ったり、表面をみがいたりする。

でき上がった板材。

節のある木をなめらかにするくふう

節のない木（➡14ページ）が上級品になるが、節のある木も「うめ木」という作業をして、なめらかな状態にする。うめ木は節の部分にドリルであなをあけ、あなの大きさに合わせた木をうめこむ。

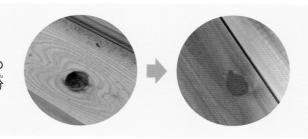

すてる部分はほとんどない丸太

丸太からはがした樹皮は「ペレット」にし、燃料として使われる。ほかにも端材はチップにして製紙工場で使う紙の原料となり、さらに細かい木屑（おがこ）は、牧場などで動物たちを飼育する施設のゆかにしいたりする。1本の丸太にはさまざまな使い道があり、すてるところはほとんどない。

おがこ

チップ

岡部材木店・社長
岡部隆幸
さんに
話を聞こう！

岡部隆幸
埼玉県飯能市で、おもに西川材を使った国産の板材をあつかう製材工場・材木店である岡部材木店をいとなむ。木のよさが生きる方法で家を建てる建築事業部もある。

よい木材とは何ですか？

まっすぐで丸く、節がなく、そして強い木です。地元の西川材は建築に使う木にてきしています。それは、林業者一人ひとりが管理している山の面積が小さいため、毎日手間をかけて木を育てているからです。枝打ちをこまめにすると木の成長はゆっくりとなり、年輪のはばはせまくなります。そうすると繊維がギュッとつまった強度の高い木材になるのです。

製材工場は力仕事が多いが、岡部材木店では体への負担をへらすために作業工程をくふうし、女性がはたらきやすい環境をつくっている。写真は製材した生材をかわかすために、ならべているところ。

どんなことに気をつけて木を選んでいますか？

使う人に喜んでもらえるように木を選んでいます。たとえばうちでは、ゆかに使う板材には樹脂分が強く、光沢があり赤味のある芯材を使うことが多いです。かべや天井には、明るい印象になるように白っぽい色の辺材を選びます。

国産の木で家を建てるよさを教えてください

日本は外国産の木材にたよってきましたが、高温多湿の日本の気候風土にはてきさない部分もあります。また、木材を輸送するための燃料の消費で、二酸化炭素の排出量がふえるなど、環境にも負担がかかります。うちは、建築会社にまとめてたくさんの木材を買ってもらう形はとらず、建築家や家を建てる人に直接、木材のよさを見てもらい、購入してもらうのが特徴です。国産材をつかって、100年もたせる家をつくれば、たとえ、こわすことになっても自然素材だから土にかえります。それが住む人にとっても環境にとっても「よい家」ではないでしょうか。

岡部さんは、「ノコギリは製材工場の原点」という。1週間に1度、帯ノコ（バンドソー）の刃をとぐ。刃を回しながら、一つひとつ砥石でみがいていく。

林業にかかわるさまざまな仕事

林業や木材の流通のほかにも、木にかかわる仕事はあります。
ここでは林業者をささえ木材のよさを広める仕事について見ていきましょう。

林業者が協力し合う「森林組合」

日本の土地の約70パーセントは森林です。そして、この森林の約60パーセントは、国や地域ではなく、個人が所有しているもので、「私有林」とよばれます。森林組合は、森林を所有している人たちが所属し、おたがいに協力し合っている組織です。おもに林業者が中心となっていて、それぞれがお金を出し合って組織運営を行っています。森林組合では、組合員の林業の経営をサポートしたり、地域の森林を管理したりしています。

個人では所有しにくい大型の高性能林業機械（→17ページ）も、森林組合が所有することで、複数の林業者が共同で使うことができます。

林業技術を指導する「林業普及指導員」

都道府県の職員として、森林をもっている人に林業の技術や知識の普及をしています。林業普及指導員になるには、国の資格試験に合格することが必要です。森林や木の研究をしている機関と連携して、その研究成果を現地ではたらく人に伝え、指導していく活動を行っています。キノコなど、森の特産物の栽培を指導することもあります。

国有林を管理する「森林官」

森林官は国が所有する国有林の調査、管理などを行います。また、造林、間伐などの事業や、林業体験など森林に親しんでもらうための活動もしています。なお、国有林においても木材が生産されており、その供給量は国内で生産される木材全体の1割強をしめています。さまざまな種類の木がある国有林の特徴を生かし、民間の人工林では育てられていないような樹種を育てたり、貴重な天然林をよみがえらせたりする活動なども行われています。

国有林が管理している貴重な天然林

秋田スギ
出典：東北森林管理局ホームページ「林産物の供給」

青森ヒバ

木曽ヒノキ
出典：中部森林管理局「次世代に引き継ぐ木曽ヒノキ林」

日本三大美林（→11ページ）といわれる秋田スギ、青森ヒバ、木曽ヒノキも、天然林の面積がへってしまったため、現在は国有林として、林野庁の管理のもと、計画的に伐採されています。

木を病気からまもる「樹木医」

木が健康な状態かどうかを調査・診断し、治療をする「木のお医者さん」です。木は種類によって当然、性質がちがいます。樹木医は木に関するさまざまな知識をもち、弱った木を治療して回復させたり、病気や害虫による被害にあわないように対策をしたりします。

キーワード

樹木医
一般社団法人日本緑化センターが実施し、認定している制度。樹木医を名のるには、樹木医研修を受講して、資格審査に合格し、樹木医として登録されることが必要である。

樹木医に必要な知識

① 樹木の知識
樹木医は、何百種類以上もの樹木についてよく知っており、それぞれの特徴も把握している。

② 病害虫の知識
さまざまな虫が木に集まるなか、木に悪い影響をおよぼす害虫を特定する。有効な薬はどれか、必要な対策は何かを判断する。殺菌のしすぎで有用な菌をころしてしまうことのないように、適切な診断をしていく。

③ 樹木の手入れ方法
木は形を整え、風通しをよくすると健康になる。また、根が発達するには土の状態が重要。それぞれの種類に合った手入れの時期を見きわめて、いちばんよい方法をとる。

④ 樹木の診断
病気で木がたおれる危険はないか、くさっていないかなどを診断する。

森林をはかる「測量士」

測量士の仕事は、土地の位置を把握し、面積や距離などを正確にはかることです。森林のなかでは、道をつくるためや、区域を決めるために測量を行います。

キーワード

測量士
国家資格。大学などで測量に関して学んだのちに一定期間測量の仕事につくか、国土地理院の行う測量士試験を受けて合格することが必要である。

測量の方法

コンパスを使った方法

森林は太陽の光がとどきにくいので、コンパスを使った測量が多い。

GNSSや航空レーザーによる測量

GNSS受信機

航空レーザー測量

最近では、GNSS（衛星測位システム）や航空レーザーによる計測も行われている。GNSS測量とは、人工衛星から送信される情報を受信することにより観測点の位置を把握する計測の方法。航空レーザー測量とは、地上にレーザー光を当て土地の形状などを調べるもの。そのデータと空中写真をもとに地図をつくり、ソフトを使い距離や面積を測ったり、区域を決めたりする。

林業や木材の魅力を伝える「森林インストラクター」

森林をおとずれる人たちに森林の魅力を伝える仕事です。森林の専門家として、森林のしくみやそこに住んでいる動植物について、はば広い知識をもっています。さらに、それぞれが得意分野や専門知識を生かして、林業体験の指導をしたり、森林のなかで活動するための安全対策を伝えたり、森林や木材をテーマにしたイベントを行ったりします。

高尾山（東京都）で森林体験教室を行う。

森林インストラクターは、正しい道具の使いかたの指導も行う。

写真提供：森林インストラクター東京会

第2章
森林資源と人

ゆたかな森林にめぐまれている日本では、昔から建物や家具、食器などさまざまなものが木でつくられており、いまも伝統的な製法がまもられ、引きつがれています。木でできた製品（木製品）には、木のもつさまざまな特徴がじゅうぶんに生かされています。いっぽうで、科学技術が進歩したことで、木の新しい使い道も生まれ、注目されています。また、森のめぐみは木材だけではありません。キノコや山菜などわたしたちの食生活をゆたかにしてくれているものもあります。

森林資源と人

よい木をつくるために

品質のよい木をつくるために、どのようなことが行われているかを見ていきましょう。
虫などの動物から木をまもるためにもさまざまな対策がとられています。

木を品種改良する

わたしたちの身のまわりのさまざまな植物と同じように、木も品種改良が行われています。木の品種改良は「林木育種」といい、おもに木材をさらに利用価値の高いものにするための研究が進められています。具体的には、成長の速さ、木材にしたときの材質のじょうぶさ、雪などのきびしい気候にも負けない強さをもった品種などが開発されています。

国の機関である森林総合研究所林木育種センターで林業用の木の品種改良が行われています。

「エリートツリー」の開発

日本各地の森林から、すぐれた性質をもつ木を選んで交配し、「エリートツリー」を開発します。エリートツリーは成長が早く、まわりの雑草を刈る期間を1～2年短くできるため、林業者の負担がへります。

苗を植えてから4年後のエリートツリー（左）と従来のスギ（右）の比較

＼ 品種改良してできた木 ／

雪による根曲がりが少ないスギ

雪がたくさんふる東北地方では、雪の重みにたえられる樹木が開発された。根もとの曲がり具合を調整する基準をもうけて、抵抗力を判定している。

写真提供：林木育種センター

害虫に強いマツ

海岸からの飛砂をふせぐために植えられているマツが、近年大量にかれる被害がふえていた。そこで、その原因となるマツノザイセンチュウに強いマツが開発された。品種改良されたマツは、害虫被害にあわなかったマツを選び出し、つぎ木＊などでふやしてつくられた。

写真提供：林木育種センター

材質のよいカラマツ

木のねじれが小さく、加工しやすいカラマツが開発された。くるいが少ないため、建築資材として使いやすい。

木のねじれ

小さい

大きい

二酸化炭素の吸収量が多い樹木

幹重量＊の大きい木ほど二酸化炭素の吸収量が多いことから、幹重量が大きく、二酸化炭素の吸収量が1.5倍多いスギ・ヒノキ・カラマツ・トドマツを開発した。

28
＊つぎ木：樹木の断面がつながる性質を利用して、切り取った芽や枝を、近い種類の別の植物にテープなどで固定してくっつけて育てること。
＊幹重量：木材の体積×密度でもとめられる。

害虫の被害からまもる

　木の成長をおくらせたり、からしてしまう虫を害虫といいます。新しく生えた葉や芽を食べてしまって木の成長をさまたげたり、木のなかに入りこみ、傷やシミをつけてしまうのです。これをふせぐために、農薬をまいたり、枝に直接虫の害を予防する薬を入れたりします。また、かれ枝から木に侵入して被害が広がることが多いため、枝打ちのときに枝をしっかりと落とすことが大切です。

おもな害虫による被害

マツがれ被害

マツがれした森林。

マツノザイセンチュウによる被害。大きさは1ミリメートルもないぐらいのミミズを小さく、透明にしたような虫だが、マツの木のなかでふえると、水分や栄養分をすい上げるのをさまたげて、からしてしまう。

ナラがれ被害

ナラがれしたコナラの木。

カシノナガキクイムシが、病気のもととなるナラ菌をふやしてしまうことで起こる。木の水をすい上げる機能をさまたげてしまい、からしてしまう伝染病。コナラ、ミズナラ、ブナなどが集団でかれてしまう。全国各地で発生しており、被害を受けている区域は、近年広がっている。

カミキリムシ被害

スギ、ヒノキの樹皮のすきまに卵を産む。卵から幼虫になると樹皮の内側を食べてしまう。きずあと、変色、くされの原因となり、木材の価値が下がる。スギは内部を食べられてもかれにくいという特徴があるが、ヒノキはかれやすい。

木のなかにいるカミキリムシの幼虫。

害獣の被害からまもる

　これまで山奥の天然林でくらしていたシカなどの動物が、森林環境が悪化したり、森林の生態系がくずれて数がふえすぎてしまったりして、食料が足りなくなり、人工林まで来て木の芽や樹皮まで食べつくしてしまう被害があいついでいます。そのため、木を保護したり、木に動物がきらう薬剤をつけたり、防護ネットやさくで囲んで入ってくることをふせいだりします。

ニホンジカ

木にとっていちばん被害をもたらす動物。木の芽や葉を食べ、角を木にこすりつけ、樹皮をはいでしまう。山奥から林業地におりてくるシカの数は年ねんふえており、被害は深刻である。

ツキノワグマ

つめや歯でスギやヒノキなどの樹皮をはいでしまう。

野ネズミ、野ウサギ

どちらも木をかじってしまい、木がかれる原因をつくる。野ウサギは新芽を、野ネズミは樹皮の内側を食べる。

もっと知りたい！

猛毒キノコ「カエンタケ」に注意

　近年増加しているナラがれが発生する地域には、カエンタケという猛毒のキノコがよく生えています。強い毒をもっているため、ぜったいに食べてはいけません。手でさわると、キノコにふれた皮ふがただれることがあるので直接さわらないように注意が必要です。まれに死亡したり、後遺症が残ったりすることがある、とても危険なキノコです。

ポイント！

雑木林のコナラなどが燃料として使用されず大きくなりすぎて、カシノナガキクイムシが好む環境がふえたことで、ナラがれも増加しています。それにともない、カエンタケの発生地域も広がっています。

カエンタケはオレンジ色に近い赤色をしている。夏から秋にかけて、ナラがれで死んでしまった木の付近に多く発生する。

木材の種類と使い道

育てて、伐って、加工した木材は、建物や家具などの材料になります。
ここでは、木材としての木の特徴と、どんなものに使われるのかを見ていきましょう。

木材の種類と使い道

木にはそれぞれの特徴があり、色や木目、つやなどの見た目、さわった感じがちがいます。香りが強い木もあれば弱い木もあり、強度も木によって大きくちがうため、その特徴を生かして建築材料や生活用品として使用されています。

ヒノキ

特徴：白くて光沢があり、木目がきれいで香りがよい。湿気に強く、くさりにくく、耐久性がある。
どんなものに使われる？：スギと同じく昔から建築物に使われてきた。水に強く、リラックスできる香りがするため、いすなどの家具にも使われている。

ヒバ

特徴：ヒノキと同じヒノキ科の針葉樹だが、ヒノキより黄みがかった色をしている。独特の香りのある木の成分「ヒノキチオール」には殺菌効果があり、化粧品や薬、防虫剤などはば広く活用される。
どんなものに使われる？：耐水性があり湿気に強く、強度もあるため、家の土台や柱、浴室、ベランダに使われる。

スギ

特徴：まっすぐに育つため木目が直線的で加工しやすい。水に強く、耐久性がある。
どんなものに使われる？：じょうぶであつかいやすいため建築物の柱材などによく使用されている。たるやげたなどの生活用品としても使われている。

カラマツ

特徴：成長が早く、寒いところでも育つ。強度が高くくさりにくいが、ねじれや節が多く、ヤニが出るので加工がむずかしい。
どんなものに使われる？：耐久性の高さから、昔は電柱によく使われていた。近年ねじれやヤニを克服する技術が開発され、板材や柱材などに使われている。

クリ

特徴：とてもかたくて重たい広葉樹。強度があり、湿気に強い。
どんなものに使われる？：広葉樹のなかでは比較的加工しやすいため、古く縄文時代から家の土台や柱など建築物に使われてきた。

30

こんな木材の使われかたも……

バットに使われる木、アオダモ

軽くてやわらかく、加工しやすいアオダモの木は、昔から野球のバットの材料として好まれており、大谷翔平選手などのプロから、アマチュアの選手まで多くの人が愛用してきました。しかし、アオダモの伐採が急速に進み、生産地である北海道では原木不足が問題となっています。

数がへっているアオダモをまもるため、植林活動が行われている。
写真提供：北海道日本ハムファイターズ

アオダモはバットの材料として使えるまでに、植えてから60〜70年以上かかるんだって！しかも1本の原木からバットは4〜6本しかつくれないんだ。

たんすに使われる木、キリ

キリは、日本の木材のなかでもっとも軽い木です。熱を伝えにくいため、温度変化に強く、カビや虫にも強い木材として知られています。また、木目が美しいため、たんすの材料として昔から使用されてきました。

昔、子どもが生まれるとキリの木を植え、結婚するときに大きくなった木でたんすをつくったという風習のある地方もありました。

キリのたんす
写真提供：加茂箪笥協同組合

よい香りがする木、香木

香木とは、よい香りがする木のことをいい、古くから親しまれてきました。香木とされる木はおもに東南アジア原産の木で、沈香や白檀が有名です。奈良県の東大寺正倉院には、「蘭奢待」という日本最大の香木である沈香が保存されています。全長1.5メートル、直径37.8センチメートル、重さ11.6キログラムもの大きさがあり、弘法大師空海が中国からもち帰ったものではないかという説もあります。かつて、歴代の天皇や将軍たちは、手がらのあった者にほうびとして、この香木を切りとってあたえていたといわれています。蘭奢待をもつことは身分が高いことを表していたのです。じっさいに、足利義政、織田信長、明治天皇が切り取っており、切り取った場所にはしるしが残されています。

いったいどんなにおいがするんだろう？

蘭奢待
出典：正倉院宝物

もっと知りたい！

年輪と木材

木は、成長の過程で細胞分裂をして、細胞がふえていくことで、太く、大きくなっていき、1年たつと年輪が1つふえます。1つの年輪のなかにも春から夏にかけて成長した部分の「早材」と、秋から冬にかけて成長した「晩材」があり、これが板などの木材になったときに木目に見えます。

木は成長とともに細胞分裂をくりかえしますが、幹の内部の細胞はどんどん死んでいきます。死んだ細胞の部分はかたくなり、これを「木化（木質化）」といいます。木がかたい材質なのは、この木化という現象によるものです。

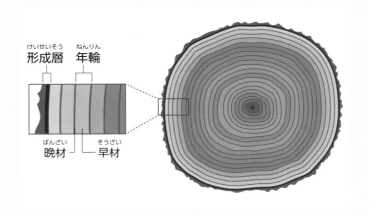

形成層　年輪
晩材　早材

木材の長所と新しい使い道

木は昔から日本人のくらしに欠かせないものでしたが、最近の科学技術によって、木を原料として開発された新たな素材ができており、注目されています。

木材の長所とは

木を使った製品のことを「木製品」といいます。家具や楽器、調理器具や食器など、わたしたちのまわりにはさまざまな木製品がありますが、これらは木のもつ長所を生かしてつくられています。木は加工しやすく、乾燥した木はかたくてじょうぶです。また、木は衝撃をやわらげ、プラスチックやガラスにくらべて熱を通しにくいという特徴をもっています。

木は熱を通しにくい

大丈夫

熱い

熱した鉄のなべやフライパンにさわると熱いと感じるが、柄を木材にすれば、熱を通しにくいため素手でも柄をもつことができる。

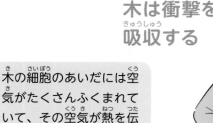

木の細胞のあいだには空気がたくさんふくまれていて、その空気が熱を伝えにくくしています。

木は衝撃を吸収する

かなづちの柄を木にすれば、たたいたときの衝撃を吸収してくれるので、手がいたくならない。

調べてみよう！

身近な木製品には何がある？

 みなさんの学校や近くの公園、家のなかにも木でできた製品はたくさんありますよ。ぜひさがしてみましょう。

学校で使っている机といすは、木でできているね。

体育館にあるとび箱も木でできているよ。木が衝撃を吸収するからかな。

木が使われている理由を考えてみると、木のよいところが見えてきますね。

うちの近くの公園の通路に木のチップがまかれているけど、なんでだろう？

⟩ さがしてみよう！

友だちと場所を1つ決めて、どれだけたくさんの木の製品を見つけられるか競争してみよう。そのあとで木でできている理由を考えてみよう。

考えてみよう！

公園の通路に木のチップがまかれているのはなぜだと思う？

木の新たな加工技術

技術の進歩により、これまでとはことなる新しい木の使い道が生まれています。その一つとして、近年環境にやさしいエネルギーとして注目されているのが「木質バイオマス」です。木質バイオマスは、木を木材にする過程で出る枝や樹皮を木質ペレットや木材チップといった形に加工して燃料にするもので、すでに有効利用されています。また、木の加工技術が進み、これまで強度や火災への強さの問題から使うことのできなかったような、自動車部品や高層ビルにも木が使われるようになっています。

木質バイオマスも燃やせば二酸化炭素が放出されますが、木は成長の過程でたくさんの二酸化炭素を吸収することから、石油や石炭、天然ガスといった化石燃料とはちがい、二酸化炭素の排出をへらすことに貢献しているといえます。

キーワード

木質バイオマス
木材が原料となった資源のこと。

自動車部品に使われる改質リグニン

改質リグニンとは、スギのなかにふくまれる成分「リグニン」をもとに、科学技術を用いてつくった新しい素材です。熱に強く、加工しやすく、環境にやさしいといった利点があり、自動車の外装などに使われています。

ボンネットの部分に改質リグニンを使用した車。
写真提供：国立研究開発法人　産業技術総合研究所

環境にやさしい木質バイオマス

木質チップをつくる工場

木質チップ

暖房設備に使用

写真提供：北海道下川町

木造の高層ビルを建築可能にしたCLT

CLTとは、日本語で「直交集成板」といい、細長い板を繊維が直角に交互に重ねてはり合わせたパネルのことで、コンクリートと同じくらいの強度をもちます。CLTを使用することによって、木造の高層ビルを建てることが可能になりました。

板を重ねてはり合わせる

もっと知りたい！

木のよさを広める「ウッドデザイン賞」

「ウッドデザイン賞」とは、木のよさや価値を再発見できるような新しいアイディアのある製品やとりくみにあたえられる賞で、一般社団法人日本ウッドデザイン協会が主催しているものです。建築だけでなく、空間、木製品、活動といったさまざまな分野から応募されており、過去には木のおもちゃやストロー、ヘッドホンなども受賞しています。2022年は330点の応募があり、そのなかで188点が受賞しました。受賞作品は、ウッドデザインマークを使用することができます。

JAPAN WOOD DESIGN
AWARD 2022

ウッドデザインマーク

ウッドデザイン賞2022を受賞した流山市立おおぐろの森中学校。建物の構造部分に木を使用した3階建ての校舎。
写真提供：日本ウッドデザイン協会

木の楽器ができるまで

木材には雑音を吸収し、音をまろやかにする効果があるため、古くから楽器の素材として使われてきました。ここではバイオリンの製作を見ていきましょう。

バイオリンとは？

スクロール
うずまきの形をした装飾部分。1本の木を精巧にほりこんでつくられる。バイオリンの美しさがあらわれる部分で、弦の音程を合わせる糸まきがついている。

駒
弦をささえる部品であると同時に、弦の振動を表板に伝える役割がある。正しい位置と角度で立てておかないと、音がうまく伝わらない。

f字孔
表板にあけられるあな。バイオリン全体で共鳴した音をより大きくして、外に伝えていく役割がある。

＼ なかはどうなっている？ ／

魂柱
表板と裏板をつなぐ棒のような部品を「魂柱」とよぶ。魂柱は弦から駒、表板へと伝わる振動を裏板に伝え、バイオリンのボディ全体が共鳴して、ゆたかな音を生み出す役割をになう。

材料 表板は「スプルース」というマツの一種が使われる。裏板や横板、ネックの部分はカエデの木。弦を指でおさえる指板は黒檀の木でできている。

弦
細い金属製の弦が4本はられる。弓で弾いた弦の振動は、駒を通してバイオリンのボディに伝わる。

弓
馬のしっぽからできている。バイオリンの弓1本でおよそ160〜180本の毛が使われる。

バイオリンができるまで

❶ 手ノコを使って木を切り出す。

❷ カンナを使って少しずつ木をけずり、バイオリン特有のカーブをつくっていく。

❸ 厚みをはかりながらカンナで内側をうすくけずっていく。

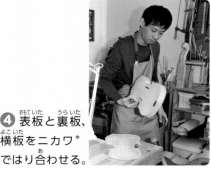

❹ 表板と裏板、横板をニカワ*ではり合わせる。

❺ ボディ部分にネックをはめる。

❻ 美しく仕上げるためにニスをぬる。

＊ニカワ：天然由来の接着剤。

バイオリン製作者
安孫子康二
さんに
話を聞こう！

安孫子康二
東京都出身。宮大工、楽器店の修理担当をへてイタリアにわたりバイオリン製作を学ぶ。現在は国立市でバイオリン製作と修理の工房である「弦楽器工房La Stellina」を構える。

どのようにバイオリン製作を学びましたか？

わたしはルカ・プリモンというイタリアのバイオリン製作者がつくる音に魅了され、イタリアで勉強をしました。彼のつくるバイオリンは、楽器自体が別の生きものとして存在しているように感じるのです。理想の音をつくるために彼から学び、いまのバイオリン製作に生かしています。

バイオリン製作のおもしろさはなんですか？

音は主観的に感じるものなので、正解はありませんし、いろいろな要素が組み合わさって音が出るので、ある一部分を変えれば何かが解決するというふうに単純にはいきません。少しずつ何度も木をけずる工程をくりかえして、手間と時間も非常にかかります。そうしていろいろためしてみた結果、自分のなかにある理想の音に近づいたときは、とても喜びを感じます。

バイオリンに使われる木の特徴は？

バイオリンは木の振動で音がつくられます。表板にスプルースという木材が使われるのは、音を伝達する速度が速いからです。同じスプルースであっても材質がちがえば音もちがうので、繊維の流れや年輪をよく見て木材を選びます。裏板には魂柱をささえるために適度なかたさのあるカエデを使用します。簡単にへこまないように、指板にはとてもかたい黒檀を使います。

お仕事で気をつけていることは何ですか？

木はほかの材質にくらべて寿命が長いことが特徴です。バイオリンも細やかに修理をしていけば、何百年先までも使用できます。わたしは修理の仕事もしますが、現代の便利な科学薬品を用いるのではなく、あえて昔ながらの方法をとるようにしています。そうすれば、この先いつの時代でも手を加えることができ、楽器をずっと残していけるからです。

 調べてみよう！

木でできている楽器って何がある？

 バイオリンのほかにも木でできている楽器はありますね。

うん。学校の音楽室にある木琴もカスタネットも木でできているよ。

 木琴やカスタネットは、木をたたいて音を出す楽器です。バイオリンは、弓をこすることで、弦が細かくふるえて出る音を、木でできた駒やボディでひびかせている楽器ですね。弦を響かせる板として木材が使われているのです。

 ほかにも木をひびかせて鳴らす楽器はたくさんあるかもしれないね。うちのパパのもっているギターも木でできているんじゃないかな？

さがしてみよう！

木が音をまろやかにする性質を利用している製品は、楽器のほかにもあるよ。さがしてみよう。

木の建築

木造住宅には、木の特徴に合わせた多くの木材が用いられており、じょうぶな家をつくるための組み合わせかたや加工技術などにもさまざまなものがあります。

木造住宅を支える木

木造住宅とは、骨組みなど建物の主要な部分に木を用いている住宅のことです。建物の外からはわかりにくいのですが、木造住宅の骨組みには、たくさんの木が使われています。使われる部分によって、それぞれの木のもつ特徴に合わせた樹種が使われます。たとえば、ヒノキやクリなどのかたい木材は、建物をささえる土台に使用され、まっすぐに育つスギやヒノキは、柱によく使われます。

木造住宅

棟木
屋根の一番高い位置にある木材。

木造住宅の骨組み
土台をつくり、その上に柱を立てます。柱の上に梁をわたすと四角い空間ができます。屋根のいちばん上には棟木を渡し、棟木と梁のあいだにな, ななめに木を置くと、屋根の形になります。

梁
柱と柱のあいだに横向きに立て、柱を固定し、建物の上部の重さをささえる木材。

筋交い
柱と柱のあいだにななめの方向に交差させて入れて、建物の強度を上げるための木材。

柱
土台から垂直に立てることで、ゆかやかべ、屋根などをささえる木材。

木造住宅のよいところ
- 湿気を一定にたもつため、快適にすごせる。
- 構造がシンプルなため、好きな形にデザインしやすく、リフォームしやすい。
- 木のあたたかみでリラックスできる。
- 鉄筋コンクリートの住宅にくらべて建築費用をおさえられる。

これは、日本で昔から行われている建築の方法です。また、骨組み以外にも、ゆかやかべ、天井など、建物の内装部分にも木材が使用されます。

くぎを使わない木造住宅

日本の木造住宅では、昔からくぎは使用されてきませんでした。くぎがなくても木と木を接合できるように、「仕口」、「つぎ手」とよばれる、木材に凹凸をつくって、木材どうしを組み合わせる独自の方法がくふうされてきたのです。凸型の部分は「ホゾ」といい、凹部分は「ホゾあな」といいます。

なぜ外れないの？

少しきつめにつくったホゾとホゾあなを木づちでたたいてむりにはめこみます。乾燥させた木材の細胞は空っぽですから、いちど組んだ木が湿気をすってふくらむと、つぶれながらもとにもどろうとします。すると、さらに木材どうしがめりこみ、接合した部分の強度は高くなるため、くぎを使わなくても外れないのです。

つぎ手

木材の長さが足りないときに、木材どうしを同じ方向につなげてつぎ足す方法。

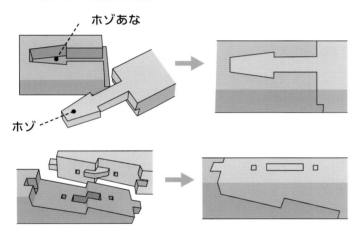

ホゾあな

ホゾ

仕口

2つ以上の木材をL形やT形、X形につなげる方法。土台と柱、梁と桁のつなぎ目などに使われる。

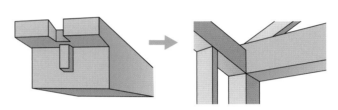

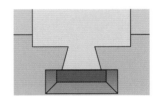

現在は、多くの場合、あらかじめ工場で組み合わせ部分を機械で加工し、建築現場ではその木材を組み立てる「プレカット」方式がとられています。

もっと知りたい！

木の家は燃えやすい？

木造住宅は火事に弱いというイメージはありませんか？ たしかに鉄よりも木が火に弱いということは事実です。しかし、じゅうぶんな厚みがある太い木は燃えにくく、たとえ火がついても、すぐに燃えつきてしまうことはありません。木は断熱性が高いため、内部に熱が伝わるまでに時間がかかります。さらに木は燃えると表面が炭化します。炭化した表面は、火を燃やすための酸素を通しづらくするため、燃えるスピードは弱まります。鉄は木のように燃えることはありませんが、熱を伝えるスピードが速く、急激に温度が上昇するために建物の骨格が曲がり、崩壊する可能性があります。そのため、鉄骨でできた家が木造よりも火事に強いとはいいきれないのです。

たき火のときに木を燃やすから、木の家も燃えやすいものだと思ってたけど、ちがうんだね！

昔からある木の建築

ゆたかな森林にめぐまれている日本では、昔から建物は木でつくられてきました。
なかには、1000年以上も前に建てられた木の建築物もあります。

世界最古の木造建築

世界でもっとも古い木造建築を知っていますか？　奈良県にある法隆寺の五重塔で、いまから1400年以上も前の607年、聖徳太子によって建てられました。いちど、670年に全焼してしまいましたが、7世紀後半に再建されました。国宝でもあり、世界文化遺産にもなっています。

法隆寺の
五重塔。

世界最大級の木造建築

奈良の大仏で知られる東大寺にある大仏殿は、伝統的な木造建築物としては世界最大といわれています。高さは16階建てのビルと同じぐらいです。奈良時代に建設され、2度も焼け落ちてしまう歴史がありましたが、そのたびに再建され、現在は江戸時代に再建されたものが残っています。江戸時代には木材不足で、太くて長い木材を1本の木から手に入れるのはむずかしかったため、いまでいう集成材*の技術がとり入れられ、太く長い木材に加工して柱をつくっていました。

東大寺の大仏殿。

もっと知りたい！

木の建物は長寿命

ヒノキの寿命は2000年ともいわれているよ！

木は鉄やコンクリートよりもずっと長もちする材料です。法隆寺の建設に使用されたヒノキは、とくにくさりにくいものが使われています。鉄筋コンクリートの建物は、たしかに完成したときはヒノキの建築物よりも強くじょうぶです。しかし、ヒノキよりもずっと速いスピードで弱くなっていき、その寿命はおよそ100年です。反対にヒノキは、伐採されてから200～300年のあいだ、ゆっくりとかたさがましていきます。この期間をすぎるとゆっくりとおとろえていくと考えられており、1000年ほどたつと、伐採されたときのかたさにもどります。

＊集成材：小さな木材を接着剤ではり合わせ、必要な形に加工したもの。

伝統的な日本家屋の特徴

日本では昔から民家も石やれんがではなく、木でつくられてきました。夏は湿度が高くて暑く、冬は乾燥して寒い日本の気候には、通気性がよい木の建物が合っていたからです。昔の日本家屋は、柱や梁だけでなく、すべてのものが木でつくられてきました。

天井
天井には木目の美しい木材を使用する。スギ、ヒノキのほか、ツガやネズコといった木材が使用された。

こけらぶき
昔は屋根材に樹皮、木の板を使うのが主流で、屋根をふく*木の板を「こけら板」といい、まっすぐで水に強いうすい板材を何枚も重ねて屋根をふいた。

屋根
板材をはり、その上に屋根材をふいて屋根をつくる。

かやぶき
11月ごろにかれたススキやヨシなどをかりとって束にしたものを使う。軒先から頂上までふき上げ、そのあとに、上から下へハサミを入れてかり込んでいく。通気性にすぐれているため、家のなかでいろりを使うときに、けむりを外にのがすのに好都合だった。耐久性は20〜30年もあり、日本の民家の主流だった。

ゆか
やわらかな材質のものからかたいものまでさまざまなものが使われる。板がそったりゆがんだりすることがあり、板どうしは変形をふせぐためのつぎ手がなされていた。

江戸時代に建てられた民家。　写真提供：西予市観光物産協会

障子
ガラス戸がなかった時代は、障子が窓の代わりになっていた。障子のわくは細い木材を使用するため、曲がりやゆがみの少ないよく乾燥させた木材を使う。

縁側
部屋と庭のあいだにある板材でつくった通路。雨戸や窓の内側につくられた縁側は「くれ縁」といい、屋根の内側に入っている。雨戸の外側につくられた縁側は、雨風にさらされてぬれることから「ぬれ縁」という。

再利用される古民家の木材
古民家を解体したときにすてられてしまう木材（古材）を、住宅用の木材や家具に再利用するとりくみがあります。古材には新しい木材では手に入れることができないくらい大きなものもあり、年月を重ねたことで出る風合い、味わいも魅力です。古材は、木材を加工する業者にもちこまれ、品質をチェックし、安全に利用できるか確認されます。古材を再利用することは、廃棄物をへらし、環境をまもることにつながります。

もっと知りたい！
合掌造り
岐阜県の白川村には、「合掌造り」という、急な傾斜がついたかやぶきの屋根でつくられた住居があり、富山県の五箇山とともに「白川郷・五箇山の合掌造り集落」として世界遺産にも登録されています。雪が2メートル以上積もるこの地域では、雪が落ちやすいように屋根に急な傾斜がつけられました。かやぶきの屋根は、くぎを使わず木と木を組み合わせ、縄を使って結びつけており、寒い冬も暑い夏も外気をふせぐため、気候に合わせて快適にすごすことができます。

縄やネソ（マンサクという種類の木の若木）で屋根組みをして、雪の重みや強い風を受け流せるようになっている。

*ふく：茅や板、樹皮、かわらなどの屋根材で屋根をおおうこと。

木の伝統工芸

伝統工芸とは、古くから受けつがれている技術のことです。
ここでは木の伝統工芸品について見ていきましょう。

指物

日本の木工芸にはさまざまな技法があります。そのなかの一つに指物があります。木造住宅と同じように、木と木をつなぐときにくぎを使わない「仕口」（➡37ページ）の方法が使われているのが特徴です。小さな箱から大きなたんすまで、生活に必要なさまざまな道具がつくられてきました。仕口は外から見たときに、木の接合部分がわからなくなるようにするのが基本で、木目の美しさを表現しています。

江戸指物

伝統的工芸品*に指定されている江戸指物は江戸時代、将軍や大名向けから、商人用、歌舞伎用などはば広くつくられ、発展した。

写真提供：江戸指物協同組合

京指物

伝統的工芸品に指定されている京指物は公家文化とともに発展してきたのが特徴。見た目もはなやかでこまやかな細工が江戸指物とは対照的。

写真提供：京都木工芸協同組合

寄木細工

指物工芸で出る木の切れはしを利用したものに「寄木細工」があります。寄木細工は、木の色や木目のちがう、種類のことなる木を組み合わせた三角形や四角形の幾何学模様が特徴です。神奈川県の箱根の寄木細工が有名で、伝統的工芸品に指定されています。

寄木細工の秘密箱。箱の側面を順番に動かすとふたがあくしかけをつけている。

寄木細工でできた箱根駅伝のトロフィー。
写真提供：金指ウッドクラフト

指物の技術をもつ人は「指物師」とよばれます。さまざまな種類の木の特徴を把握し、木のもつ性質を見ぬいてつくるのです。

刳物

木のかたまりを彫刻刀やノミを使ってくりぬき、自由自在に形をけずり出していく木工芸の技法の一つです。複雑な曲線や丸みのある形をつくることができ、はち、皿、おわんのような器や、おたま、さじがつくられています。

戸河内刳物

江戸時代後期から広島県の戸河内町（現在の安芸太田町）でつくられてきた。12種類の工具を使い、16もの工程を経てくり出す。

写真提供：横畠工芸

＊伝統的工芸品：特定の条件を満たし、伝統的工芸品産業の振興に関する法律にもとづき経済産業省に指定された伝統工芸品のこと。

🌱 挽物

挽物とは、ろくろを使って木を丸くけずり出した木工芸品をいいます。おわんなどの器のほか、こけしも挽物です。ろくろとは、木を固定して回転させる道具で、ろくろを使って作業することを**ろくろびき**といいます。昔は人の手や足で動かしていましたが、いまは電動のろくろが使われています。

宮城伝統こけし

伝統的工芸品に指定されている宮城伝統こけしには、白く美しいミズキの木が使われる。

写真提供：経済産業省 東北経済産業局

ろくろで木をけずり出しているところ。写真提供：桜井こけし

キーワード

ろくろびき

だいたいの形にあらかじめ切り出した木を、ろくろを使ってけずって仕あげていく作業。

🌱 曲物

おけが室町時代に普及するまで、液体を入れる器といえば「曲物」とよばれる木工技術を使ったものでした。うすい板をわれないように熱で丸めて筒状にし、底をつけた器です。弥生時代の遺跡からも曲物が出土されていることから、古くからあった技術だといわれています。曲物には節のない木材が使われます。節があると木目が不規則で繊維が切れてしまい、われたり折れたりしてしまうからです。曲物の代表的なものに曲げわっぱがあり、そのほかにひしゃくやせいろも曲物です。

大館曲げわっぱ

秋田県大館市の伝統的工芸品「大館曲げわっぱ」は、天然秋田スギを使い、江戸時代からつづく製法でつくられている。

写真提供：大館曲げわっぱ協同組合

🌱 漆芸

ウルシの樹液である漆は昔から器の塗料や接着剤として使われてきました。けずり出した器に、漆を塗った器（漆器）は、つやがあり仕上がりが美しいだけでなく、漆が表面を保護し、塩やアルコールといった素材をいためやすいものにも強いため長もちすることも特徴です。日本各地で地域の特色を生かした漆器がつくられており、石川県輪島市の輪島塗は伝統的工芸品に指定されています。

蒔絵

漆の伝統的な技法。細い筆を使って漆で模様や絵をえがき、漆が固まらないうちに金粉や銀粉をまく。生活用品としてだけではなく、美術的な価値ももつ。

江戸時代の作品「武蔵九つ組杯」
石川県輪島漆芸美術館所蔵

🌱 彫物

彫物とは、彫刻刀やノミ、小刀などを使って木に加工をする技術です。木彫刻の歴史はとても古く、いまから1500年も前の飛鳥時代にまでさかのぼります。仏教の影響でさまざまな仏像がつくられてきたほか、神社やお寺の建物の装飾など大工の技として発展してきた建築彫刻もあります。

江戸木彫刻

写真は江戸木彫刻の能面＊。能面に使われる木は木曽ヒノキのみで、成長がおそい木のほうがてきしている。木をノミでけずって裏側に漆をぬり、表はカキの貝殻でつくられた「胡粉」という塗料で白くぬったうえに顔料と墨で着色する。

写真提供：北澤秀太

＊能面：能とは室町時代からつづく伝統芸能で、能面とは能の舞台で使用する仮面のこと。

漆の器ができるまで

石川県の輪島市は漆器の有名な産地の一つで、伝統的に分業制によって漆器をつくってきました。
ここでは、木を器の形にする木地師と、木地師がつくった器に漆をぬって仕上げる塗師にお話を聞きました。

木地師の作業

❶ チェンソーを使って、器にする分の木を切り出す。

❷ 「帯ノコ」という回転するノコギリを使い、器で使う分量を切り出していく。

❸ 切り出した生木をろくろびきし、おおよその器の形にしてから燻煙乾燥する。

❹ 燻煙乾燥した木の器をさらにろくろびきし、厚みを落としていく。

❺ ゲージを当てて仕上がりの形を確認しながら、完成に近づけていく。

❻ 最後に薄刃という刃物を使って木地の表面を美しく仕上げる。

塗師の作業

❶ 手でろくろを回しながら木地に漆をぬる。ぬってから1〜2か月かわかす。

❷ 米のりと漆をまぜたものを接着剤として、器のフチと高台に布をはる。

❸ 漆をぬったところに珪藻土＊をふりかけて、器の下地をつくる。

❹ 下地を強くするため漆をぬり、表面を整えるためサンドペーパーや砥石で数回くりかえしてとぐ。

❺ 漆と顔料をまぜたものを仕上げとしてぬり、器の完成。

＊珪藻土：藻の一種である珪藻の死んだからだが沈殿して化石になった土のこと。

杉田明彦さんは、現代の人びとの生活に合うような独自のスタイルの器を生み出し続けています。

木地師 高田晴之さんに 話を聞こう！

高田晴之
広島県出身。東京の美術大学を卒業後、石川県輪島市で修行ののち独立。現在も輪島市に工房を構えている。

漆器にはどんな木を使うのでしょうか。

木地には強度がもとめられるので、かたさのあるケヤキが使われ、使う部分としては赤みの部分である芯材がもっともてきしています。漆器にとってよい木とはゆがみにくい木のため、木に負担の少ない燻煙乾燥でゆがみの原因となる水分をぬきます。木と漆の相性はとてもよく、漆のおわんは使いやすくじょうぶです。

お仕事をしていてたいへんなことはなんですか？

職人仕事は、正確に、きれいに、早く仕上げることがもとめられます。けずりすぎるのをおそれて、ゆっくり進めていては時間がかかりすぎてしまい、数はこなせません。同じものを正確に何個もつくるわけですから、自分の気分が乗らないときも、つねに気持ちをコントロールして向き合わなければいけないことです。

この仕事のおもしろさを教えてください。

自由に形をつくれることが、この仕事のおもしろいところです。思い通りの形をつくれるように、カンナなど仕事で使う道具も自分でつくります。ときに刃物の調子が悪かったり、集中力がつづかずうまくいかないときもありますが、けずった形がゲージにぴったりと合い、満足のいくものができたときにはうれしくなります。

塗師 杉田明彦さんに 話を聞こう！

杉田明彦
東京都文京区出身。役者、そば職人をへて石川県輪島市にうつり住み、塗師の赤木明登さんのもとに師事。独立し、2014年から石川県金沢市に工房を構える。

木地師さんとの連携で大切なことは？

木地師さんには、うすく木をひくのが得意な方、あらっぽい仕上げがうまい方などさまざまです。わたしはいろいろな形の器をつくるので、お願いする方に合った形をおまかせするようにしています。どのような形にしてほしいかを伝え、コミュニケーションをたくさんとることを大切にしています。イメージした形が伝わるよう、口で説明するだけでなく、自分で実際にサンプルをつくって伝えたりします。

杉田さんの器の特徴を教えてください。

わたしたちの食卓には、いろいろな国の食べものがならびますから、昔から使われてきた和食器だけでは使い勝手がよくありません。なるべくいろいろな使い道があるような漆器をつくっています。たとえば、製作するときに、西洋のものと東洋のもののあいだをとり、中東地域の古い器の形からアイデアを得ることもあります。

漆は長くつづいてきた伝統技術ですから、歴史のなかでつちかわれてきた技法がたくさんあり、まるで宝の山のように感じます。伝統をひたすらまもるのではなく、いまの生活のなかでどう生かせるかを考え、形にするのがわたしの仕事なのではないかと思っています。

森林資源と人

森のめぐみ

建物や木製品以外にも、さまざまな森のめぐみが
わたしたちの生活をゆたかにしてくれています。

・・・・・・・・・・・・・・・・・・・・・ **木材からできる森のめぐみ** ・・・・・・・・・・・・・・・・・・

炭

炭は、ほのおやけむりが出ず、火力の調整がかんたんにできることから、昔から生活のなかで燃料として使われてきました。木は、燃やすときに空気にふれるとすべて燃えて灰になってしまいますが、空気にふれないように蒸し焼きにすることで炭ができます。これを「炭焼き」といいます。炭焼きの技術は、平安時代に中国から伝わったといわれています。昔の日本の山村には、炭をつくるための炭焼き小屋が多くありました。最近は、木炭のもつさまざまな特性から見直されています。

キャンプのときに炭を使ってバーベキューをするよ！ 炭で焼いた肉はおいしいんだ。

雑木を800〜1,400度のかまで蒸し焼きにする。

和歌山県の特産物である紀州備長炭は、ウバメガシという木を原料につくられるもので、けむりを出さず、強い火力を安定して出しつづけられるため、焼きものなどの料理にてきしている。

紙

紙は、木からとり出した繊維を重ね合わせてつくられます。紙には、書道のときなどに使う和紙と、ノートやプリントに使われる洋紙があります。
和紙は、コウゾやミツマタという木をにて、やわらかくなったら機械で細かくした繊維をまぜ、すだれなどでゆすってすくいとってつくります。これを「紙すき」といいます。
洋紙は、マツやスギ、ヒノキやユーカリなどの木材をチップにして、薬でにつめて繊維をとり出し、のりをまぜてすき、棒にまきとってつくります。最近では原料の一部に間伐材を使ったものが、会社などで使用する紙や印刷物、日用品などに使われています。

紙すき（越前和紙）。

キノコ

シイの木に生えるシイタケ、アカマツに生えるマツタケなど、キノコは山が育ててくれるめぐみです。シイタケを人工的に栽培する技術は古くからありました。クヌギやコナラの木を「ほだ木」といって1メートルほどに切って、そこに菌を植え付けて栽培します。ドリルで小さなあなをあけてシイタケ菌をうめこみ、菌が繁殖しやすい森のなかの日かげに立てかけておきます。

マツタケは人工栽培がむずかしく、そのため貴重です。キノコにはまだまだなぞが多いのです。

シイタケの原木栽培。

木の実

昔から木の実は、重要な食料源でした。クリ、クルミ、トチの実、ドングリなどは縄文時代から食料とされていました。

山菜

山に自生する草木で、食用になるものを山菜といいます。日本では、季節ごとにさまざまな山菜をとることができるため、山菜は必要な食料源となっていました。天ぷらなどにして食べる「タラの芽」は現在でも人気の山菜で、ビニールハウスでの栽培もされています。

タラの芽。

葉や枝花

形の美しいモミジの葉などは、料亭などの日本料理にそえられる「つまもの」とよばれるかざりとして、販売されています。季節に合わせヒノキ、松葉、イチョウ、シダなどさまざまな葉や実が用いられています。

日本料理にそえられるつまもの。

漆

ウルシの木をきずつけたときに出てくる樹液で、塗料や接着剤として、縄文時代から使われてきました。ウルシの木から漆をとることを「漆かき」といい、6月中旬ごろから10月下旬の決まった時期にしかとることができません。1本の木からとれる漆は1年間で200グラムほどしかなく、たいへん貴重なものです。とれた漆はごみをとりのぞき熱を加えて、おわんやはし、おぼんの塗装などに使われます。

もっと知りたい！

ちょっと変わった森のめぐみ

マテバシイやスダジイなどのドングリは食べられることを知っていますか？ シイの実のからをわって実をとり出し、粉状にします。これを卵やバターをまぜてこねてフライパンで焼くと「どんぐりクッキー」に、フライパンでからいりしてからお湯でこすと、「どんぐりコーヒー」になります*。

また、北海道では、シラカバの木から出る樹液を飲料水にして販売しています。シラカバ樹液は、シラカバの幹にあけたあなに直接チューブを差してとります。シラカバが芽ぶく前の早春の時期にしかとれない、たいへん貴重なものです。

＊アレルギーの不安がある人はドングリを口に入れるのはやめましょう。

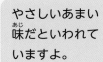

シラカバの樹液はどんな味がするのかな？ 飲んだらカブトムシになったような気分になりそう。

やさしいあまい味だといわれていますよ。

シラカバ樹液の飲料。
写真提供：美深町役場

さくいん

参考文献

赤木明登・高橋みどり・日置武晴 『毎日つかう漆のうつわ』 新潮社 2007年

海野聡 『森と木と建築の日本史』 岩波書店 2022年

勝川俊雄・関岡東生監修 『未来をつくる！ 日本の産業 ③水産業・林業』 ポプラ社 2021年

白石則彦監修、NPO法人MORIMORIネットワーク編 『日本の林業 ①-④』 岩崎書店 2008年

鈴木京子・赤堀楠雄・浜田久美子 『基礎から学ぶ 森と木と人の暮らし』 農山漁村文化協会 2010年

田中惣次 『本当はすごい森の話 —— 林業家からのメッセージ』 少年写真新聞社 2016年

七尾純 『森の総合学習 ①-④』 あかね書房 2004年

三俣学・齋藤暖生 『森の経済学 —— 森が森らしく、人が人らしくある経済』 日本評論社 2022年

ゆのきようこ作、長谷川哲雄絵 『木と日本人 ①材木 —— 丸太と板』 理論社 2015年

編集	株式会社桂樹社グループ (狩生有希)
装丁・本文デザイン	ごぼうデザイン事務所 (永瀬優子、大山真葵)
執筆	三島章子　室谷明津子 (18-19ページ)
キャラクターデザイン	小川かりん
イラスト	小川かりん (32ページ)
	寺平京子 (13-16ページ、20-21ページ、25ページ、28ページ、31ページ、33ページ、36-37ページ、44ページ)
	矢寿ひろお (6-7ページ)
撮影	大森裕之 (22-23ページ、26-27ページ)　Nik van der Giesen (42-43ページ)
	橋詰芳房 (34-35ページ)
写真協力	吾野原木センター　石川県輪島漆芸美術館　江戸指物協同組合　大館曲げわっぱ協同組合
	金指ウッドクラフト　加茂箪笥共同組合　京都木工芸協同組合　経済産業省 東北経済産業局
	国立研究開発法人 産業技術総合研究所　桜井こけし店　下川町役場　正倉院宝物
	森林インストラクター東京会　西予市観光物産協会　日本ウッドデザイン協会
	北海道日本ハムファイターズ　マルマタ林業　林野庁　iStock　PIXTA　photolibrary
校正	佐野悦子　菅村 薫
協力	安孫子康二　岡部隆幸　北澤秀太　合原万貴　森林総合研究所 林木育種センター
	杉田明彦　高田晴之　横畠工芸

わたしたちと森林　2
林業と森林資源

<del></del>

2023年3月30日　第1刷発行

発行所　　あかつき教育図書株式会社
　　　　　〒176-0021 東京都練馬区貫井4-1-11
　　　　　TEL　03-3825-9188 (代表)
　　　　　FAX　03-3825-9187
　　　　　https://www.aktk.co.jp

印刷・製本　精興社